Botanique Livre de Coloriage

Botanique Livre de Coloriage

Botanique Livre de Coloriage

Botanique Livre de Coloriage

Botanique Livre de Coloriage

Botanique Livre de Coloriage

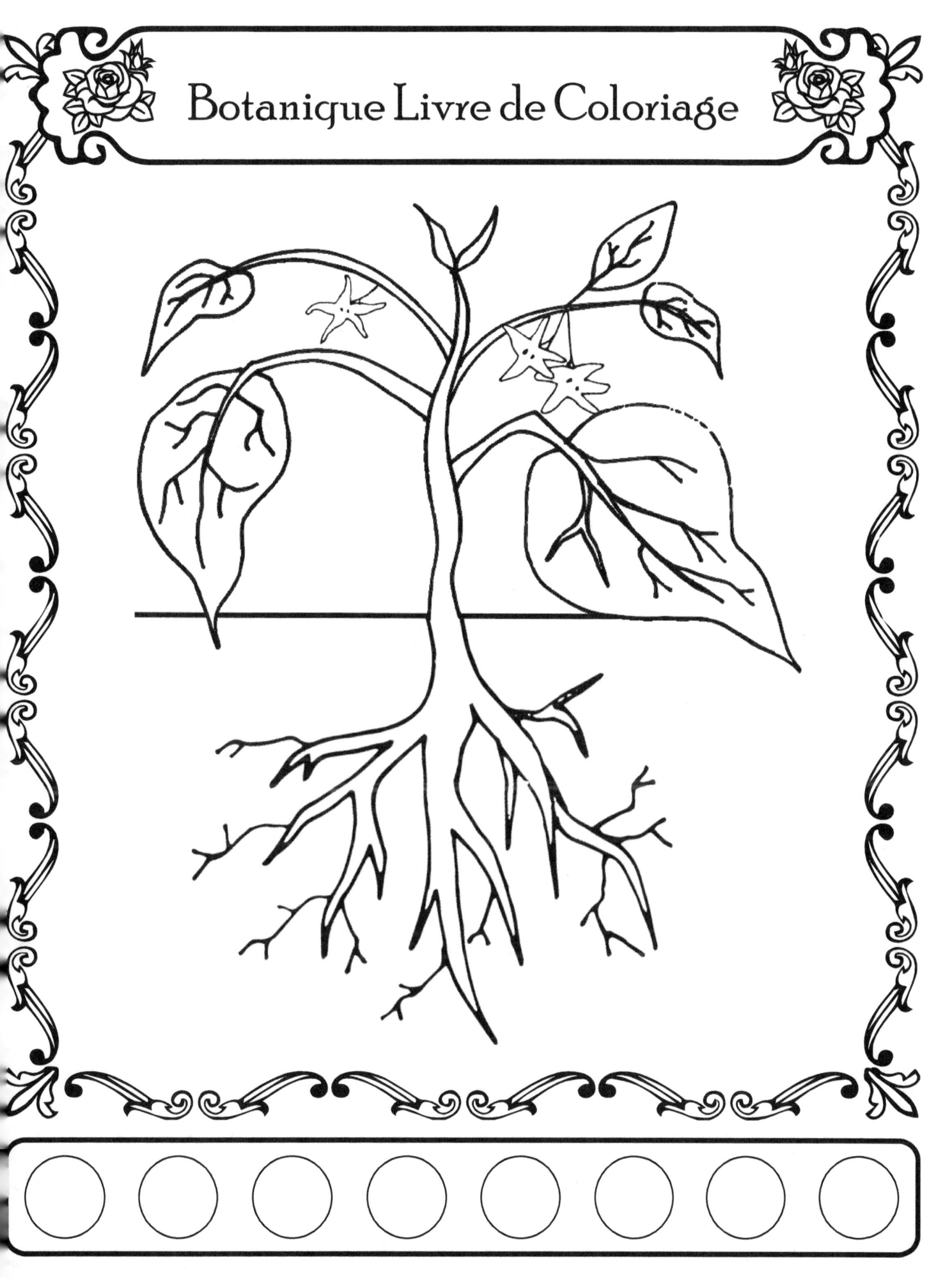

Botanique Livre de Coloriage

Botanique Livre de Coloriage

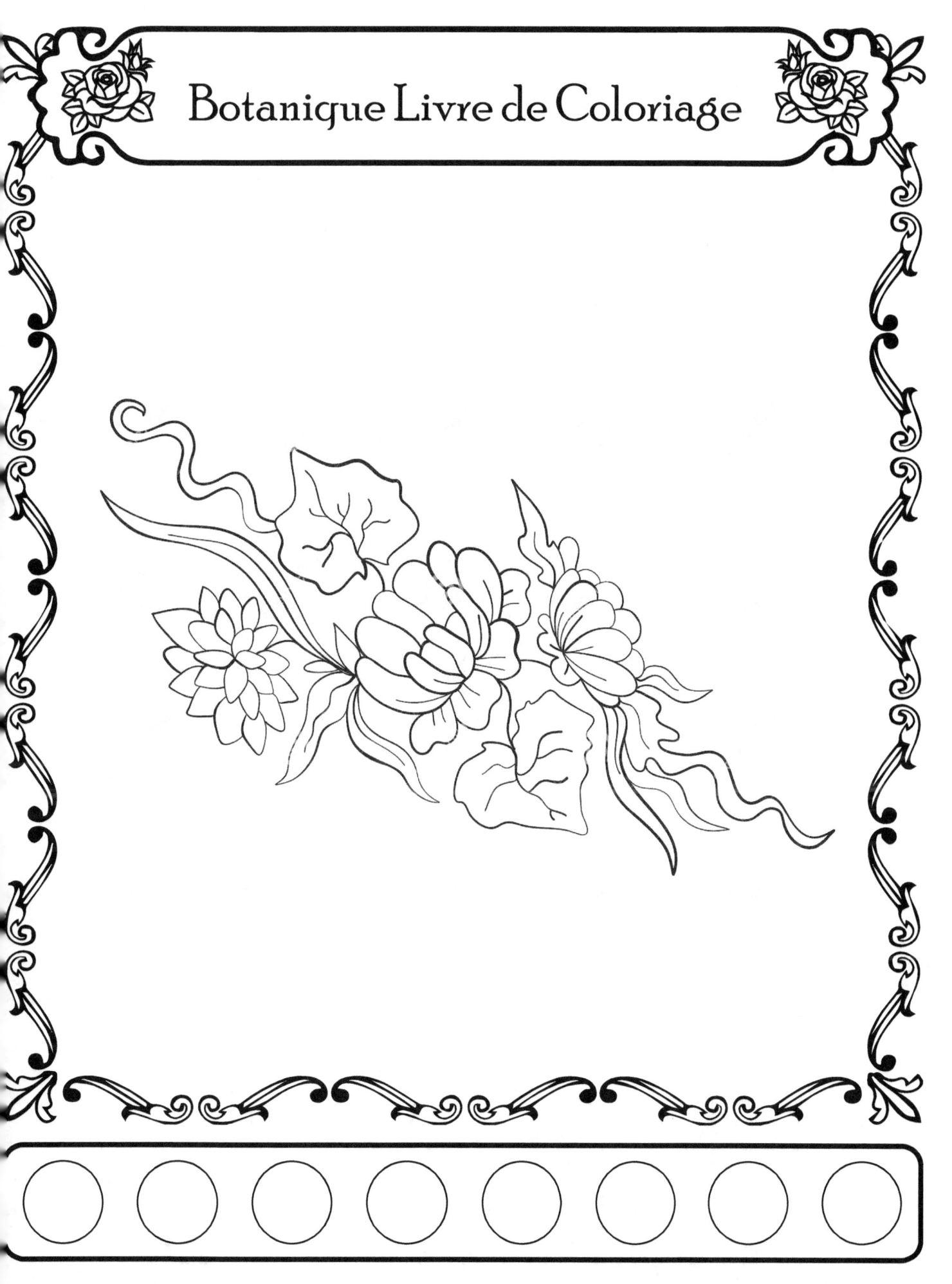

Botanique Livre de Coloriage

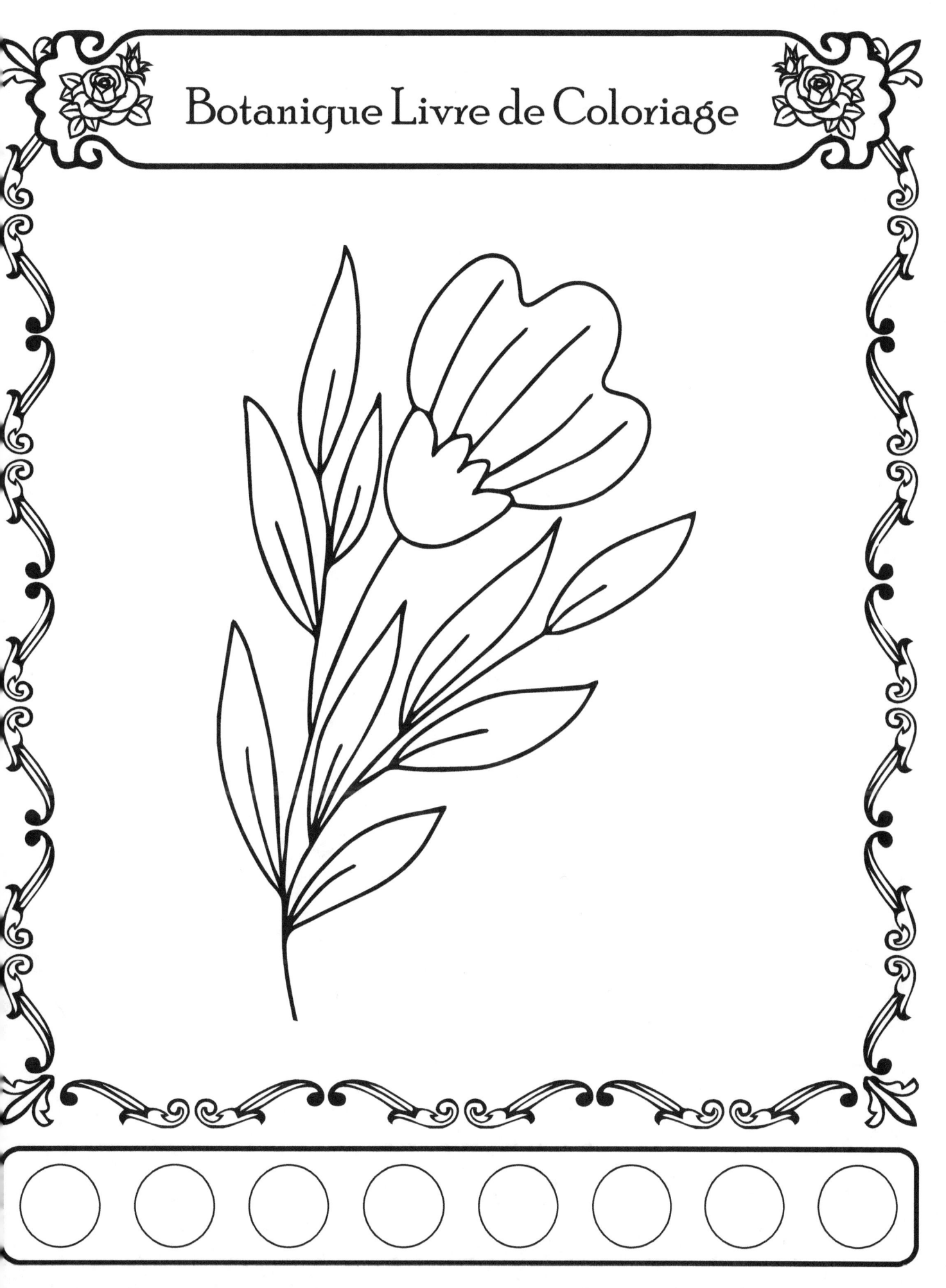

Botanique Livre de Coloriage

Botanique Livre de Coloriage

Botanique Livre de Coloriage

Botanique Livre de Coloriage

Botanique Livre de Coloriage

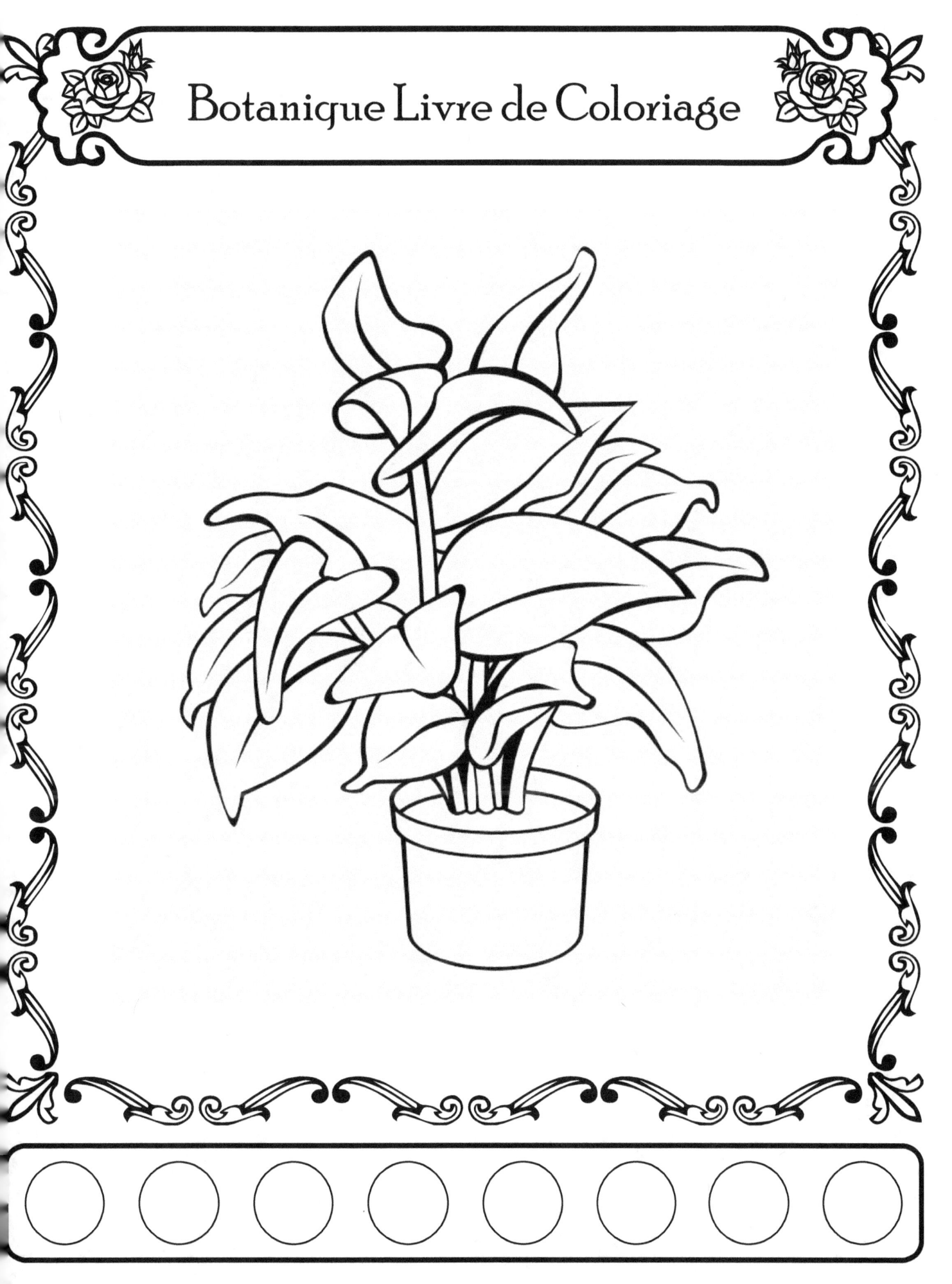

Botanique Livre de Coloriage

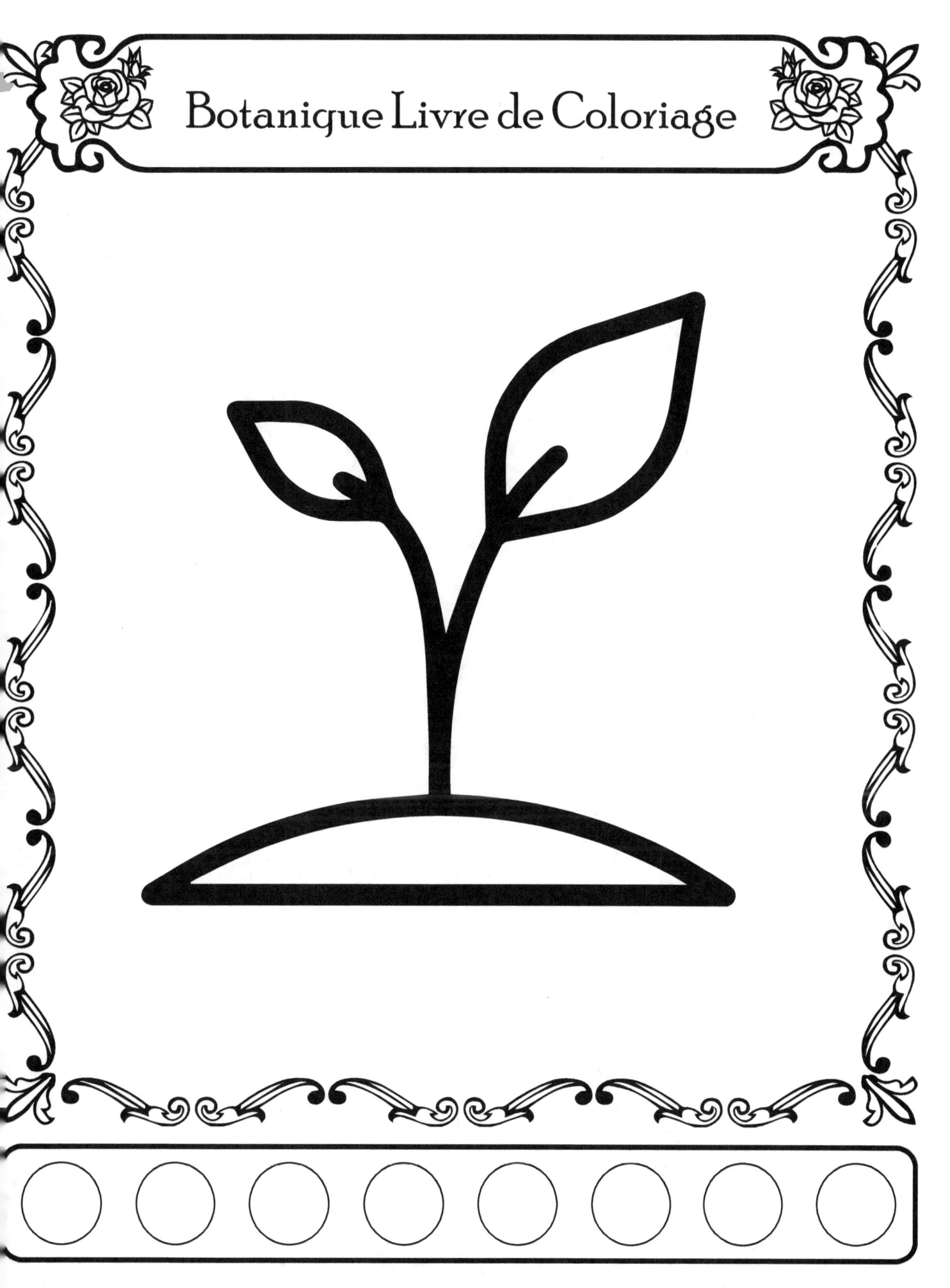

Botanique Livre de Coloriage

Botanique Livre de Coloriage

Botanique Livre de Coloriage

Botanique Livre de Coloriage

Botanique Livre de Coloriage

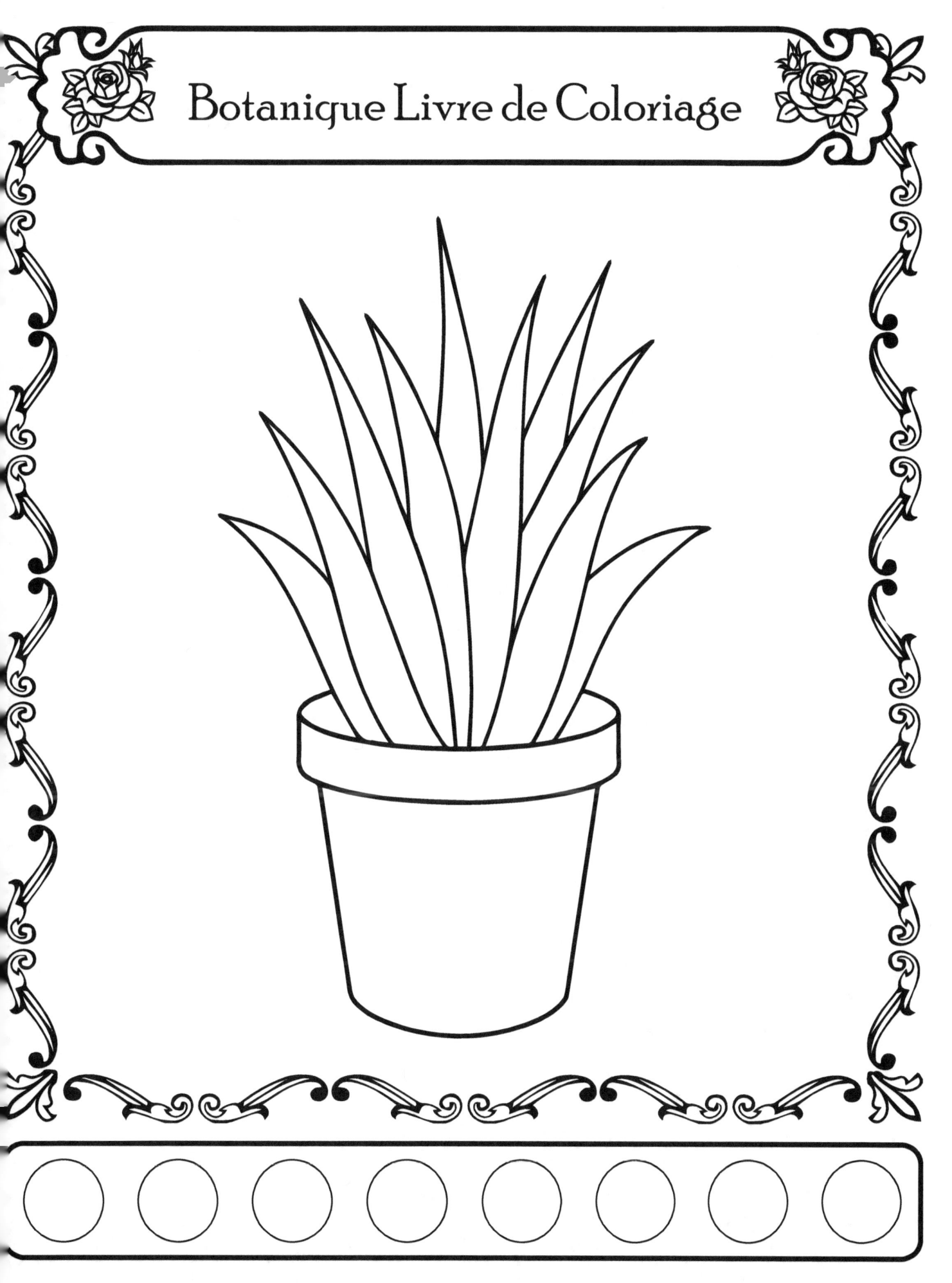

Botanique Livre de Coloriage

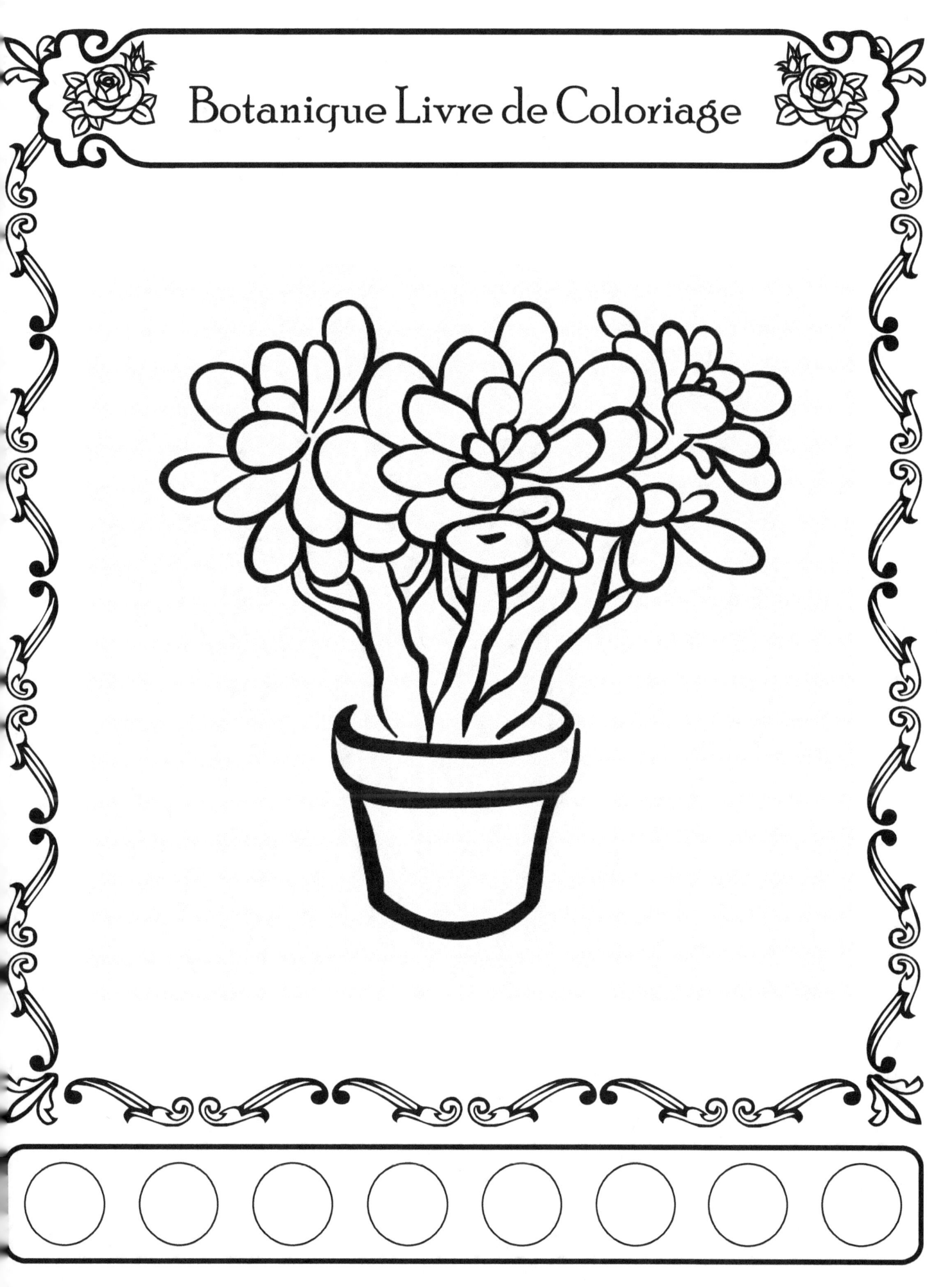

Botanique Livre de Coloriage

Botanique Livre de Coloriage

Botanique Livre de Coloriage

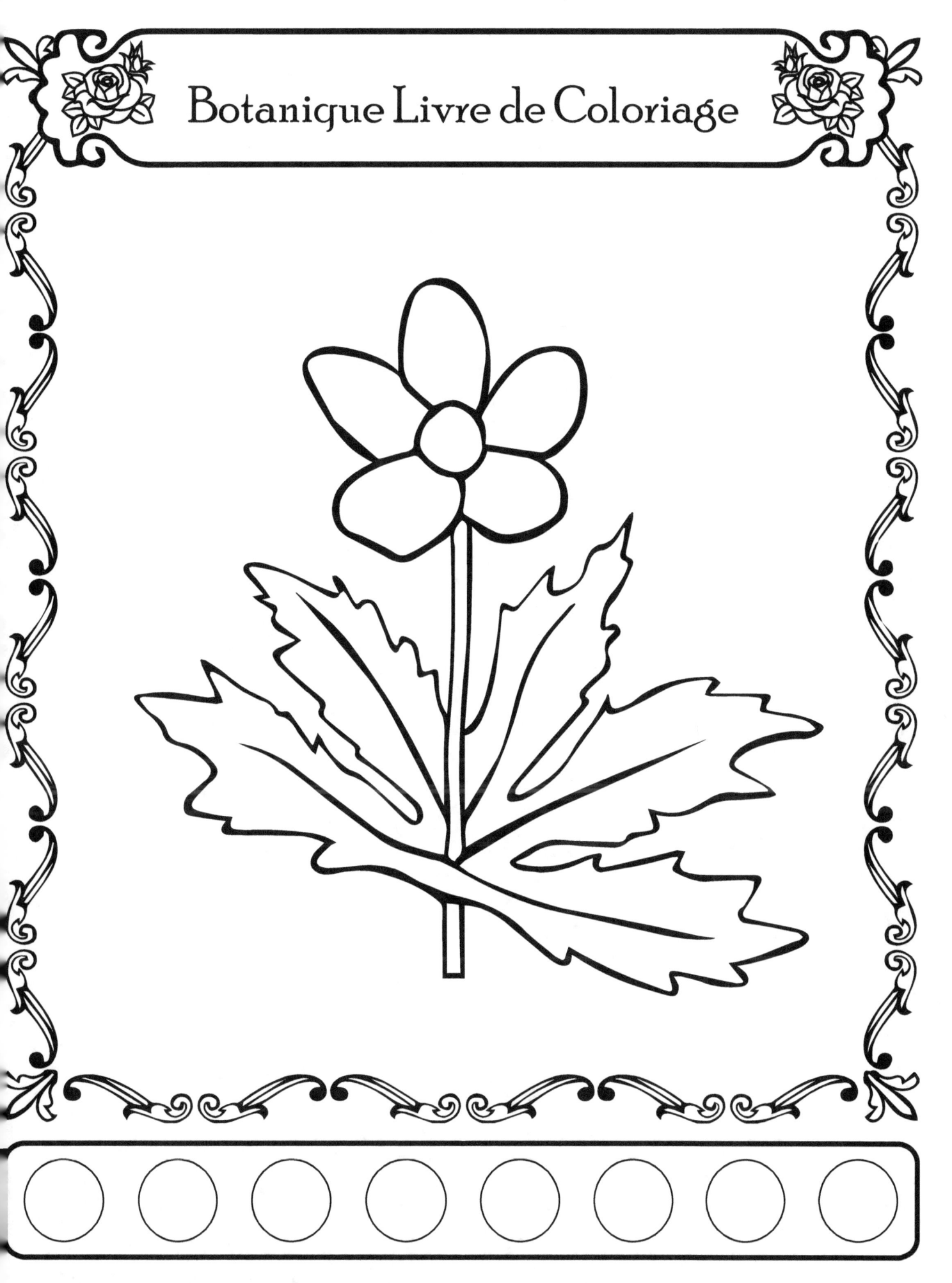

Botanique Livre de Coloriage

Botanique Livre de Coloriage

Botanique Livre de Coloriage

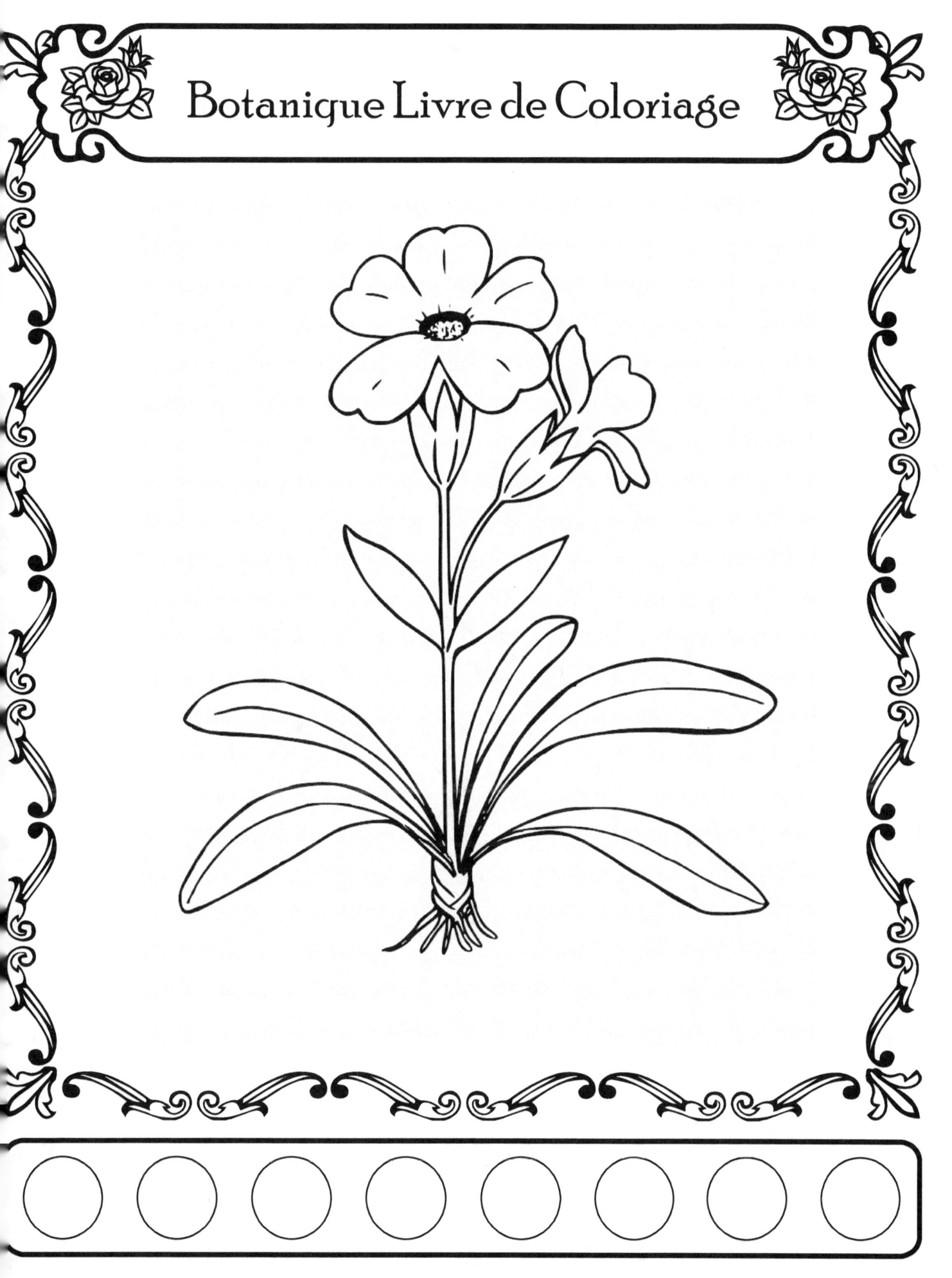

Botanique Livre de Coloriage

Botanique Livre de Coloriage

Botanique Livre de Coloriage

Botanique Livre de Coloriage

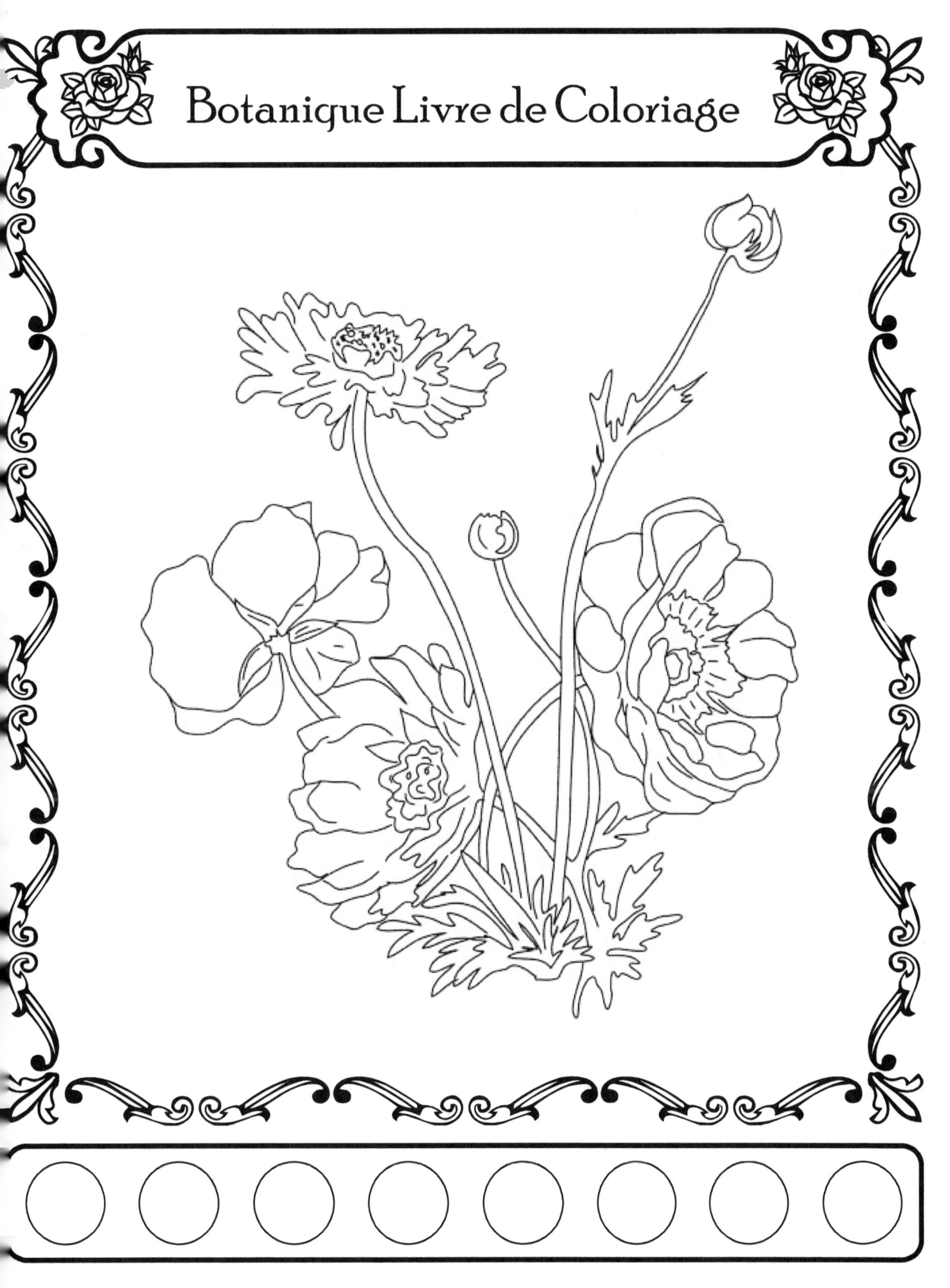

Botanique Livre de Coloriage

Botanique Livre de Coloriage

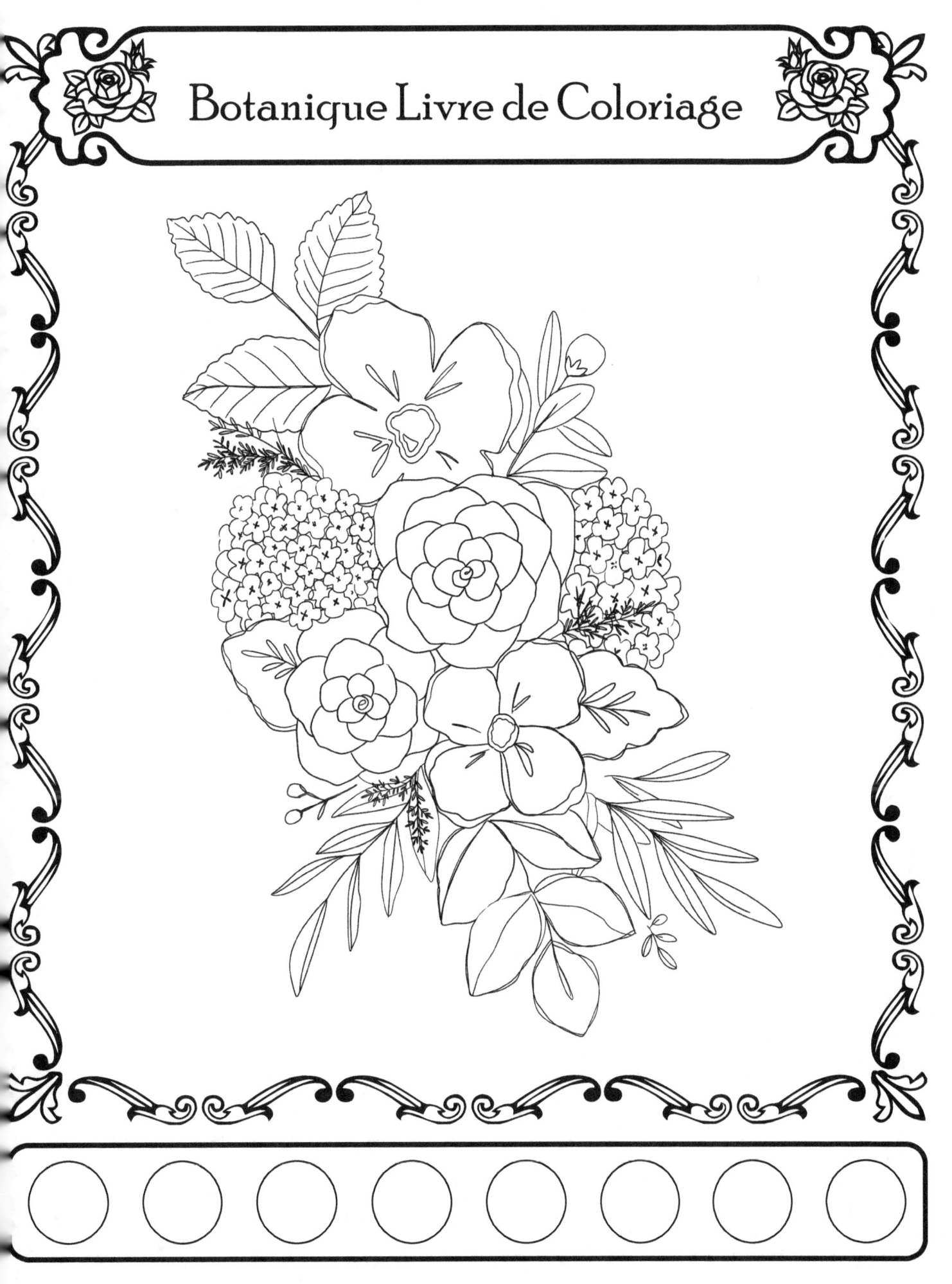

Botanique Livre de Coloriage

Botanique Livre de Coloriage

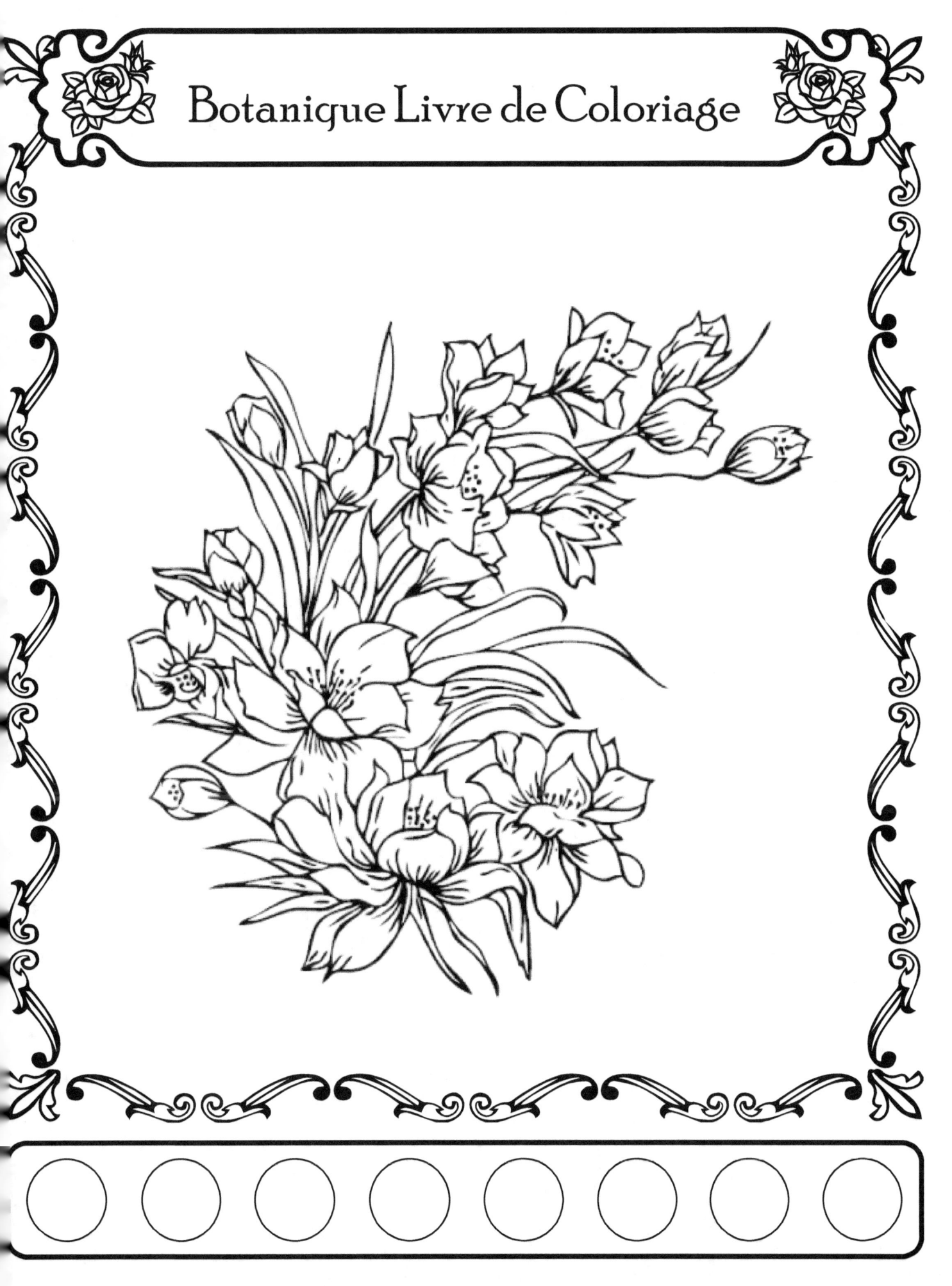

Botanique Livre de Coloriage

Botanique Livre de Coloriage

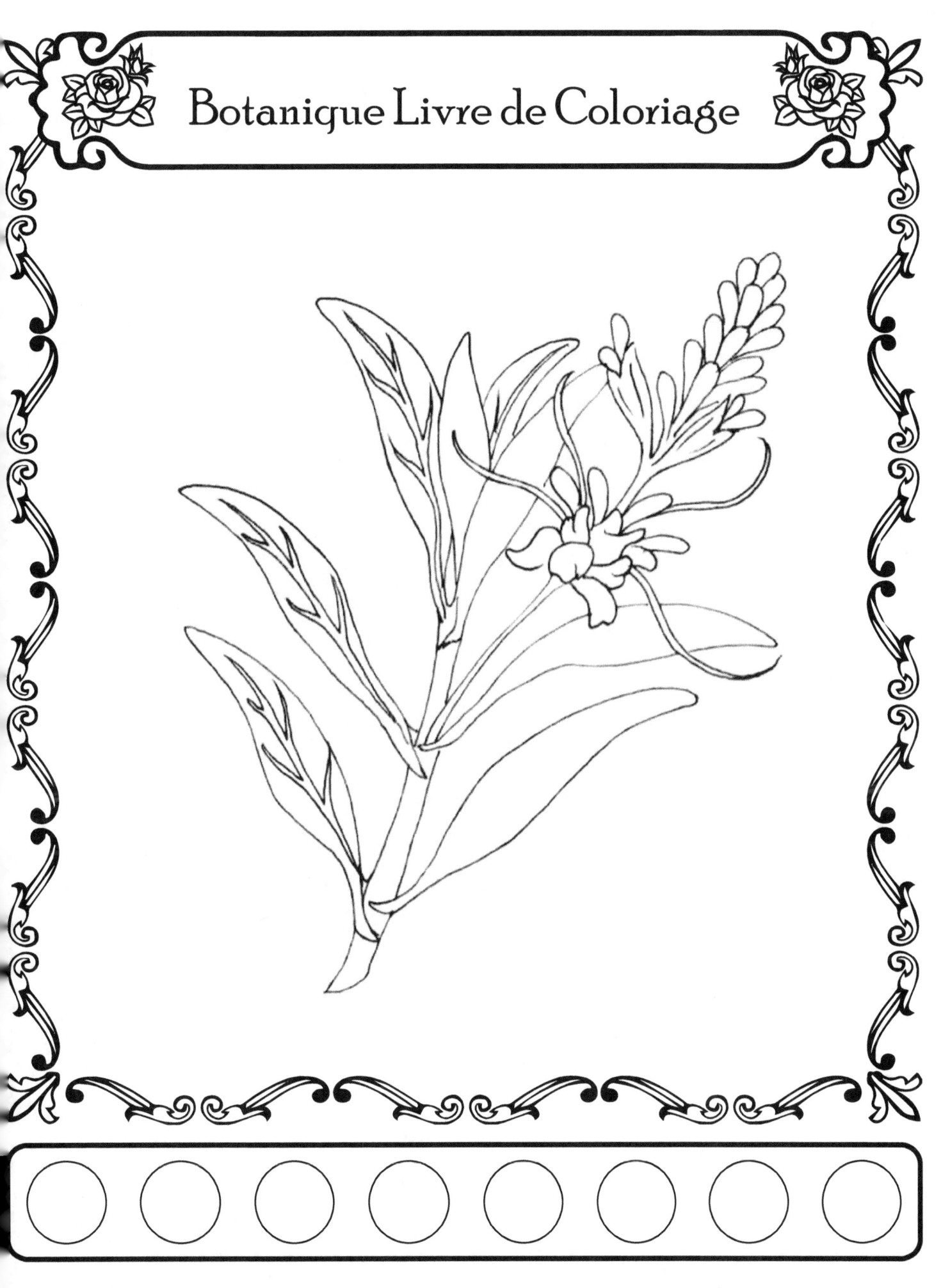

Botanique Livre de Coloriage

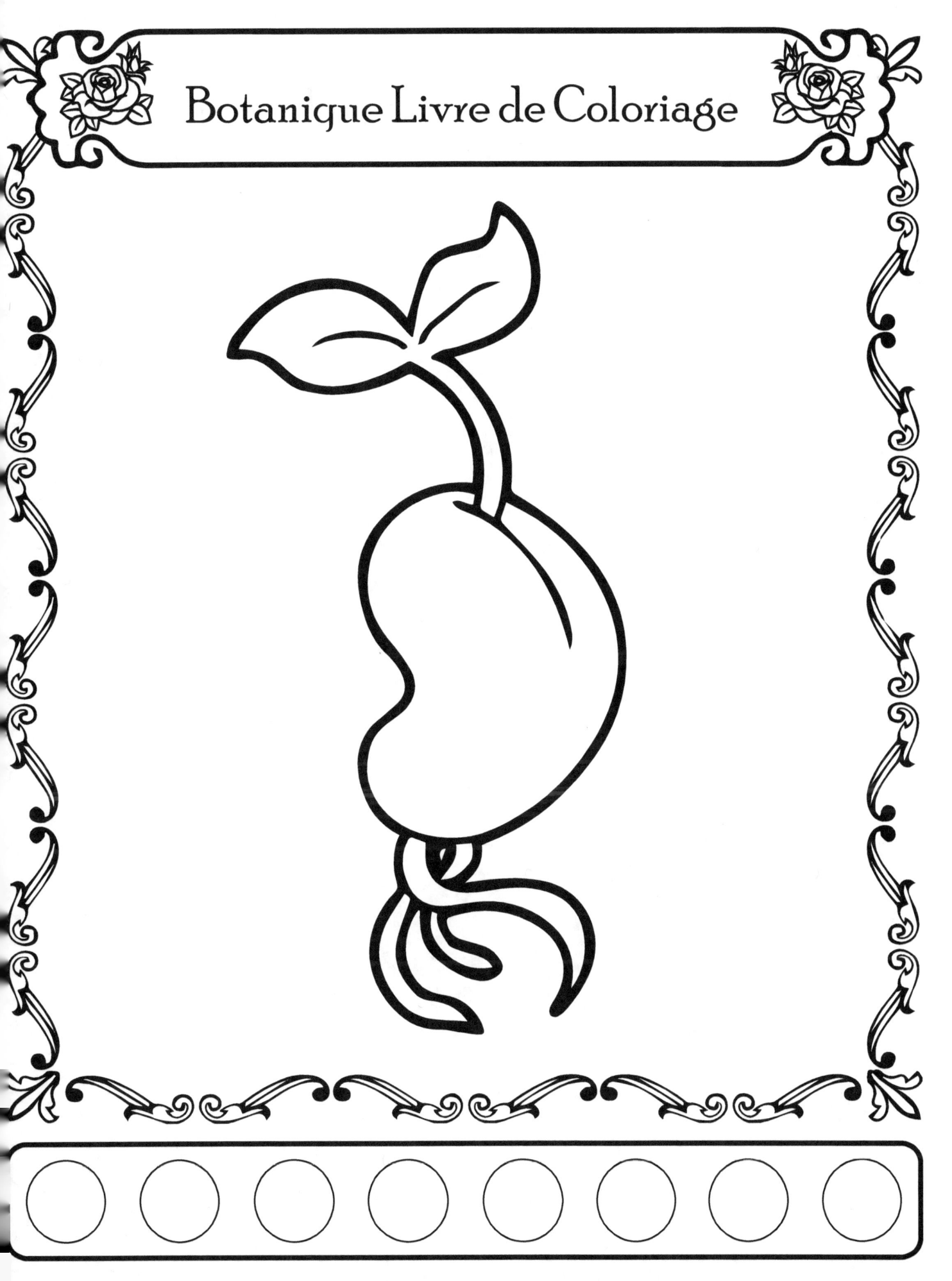

Botanique Livre de Coloriage

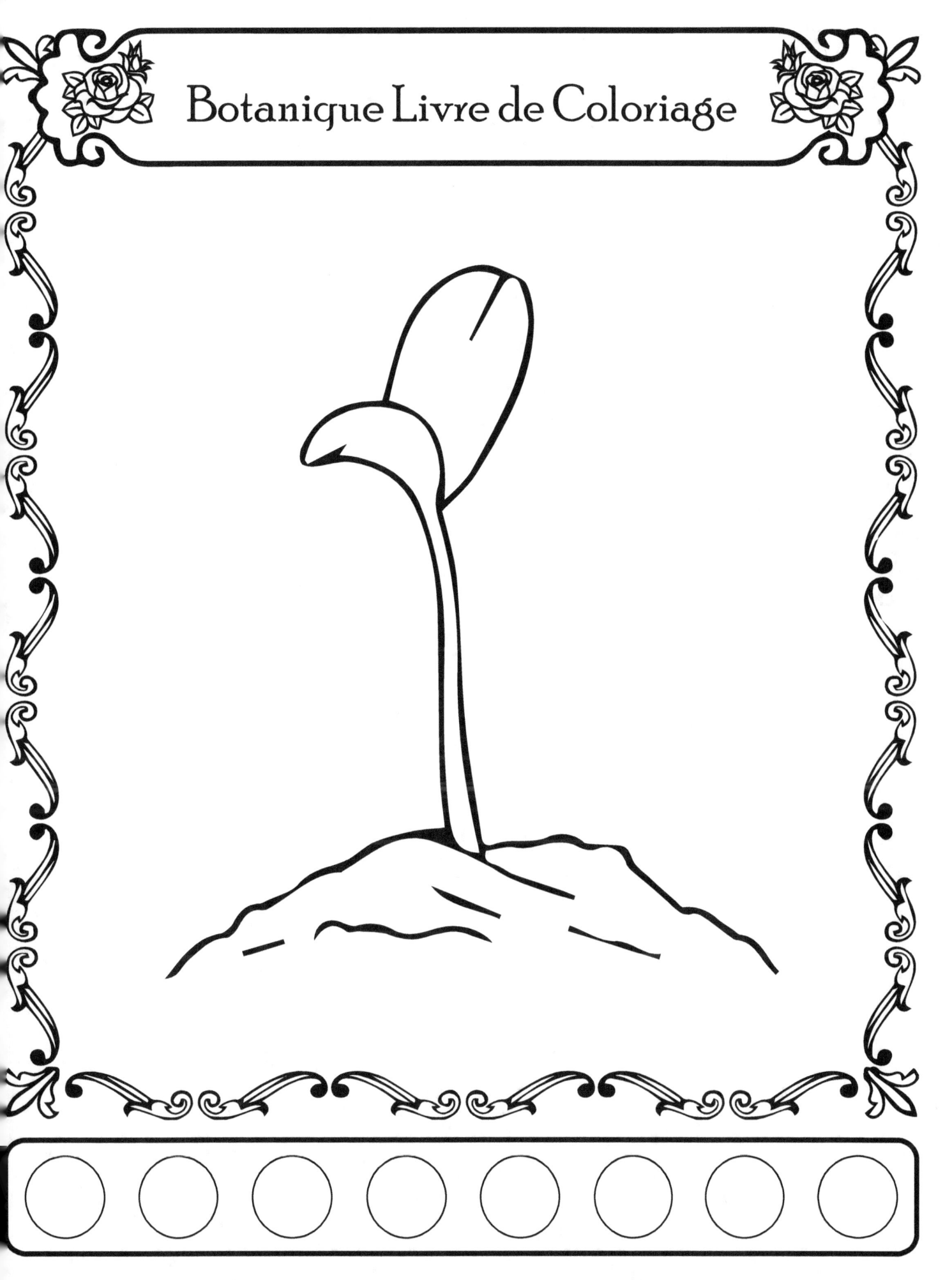

Botanique Livre de Coloriage

Botanique Livre de Coloriage

Botanique Livre de Coloriage

Botanique Livre de Coloriage

Botanique Livre de Coloriage

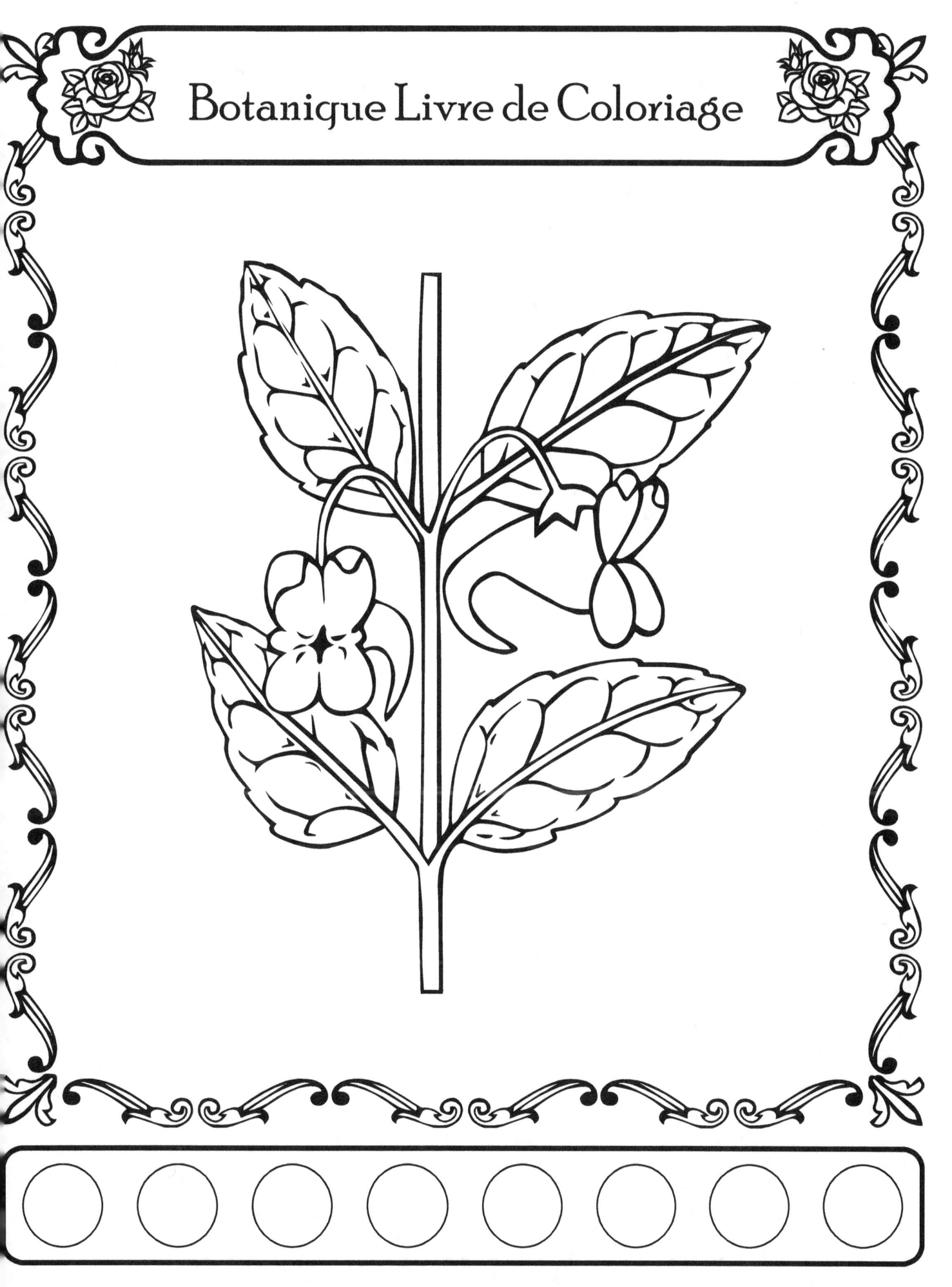

Botanique Livre de Coloriage

Botanique Livre de Coloriage

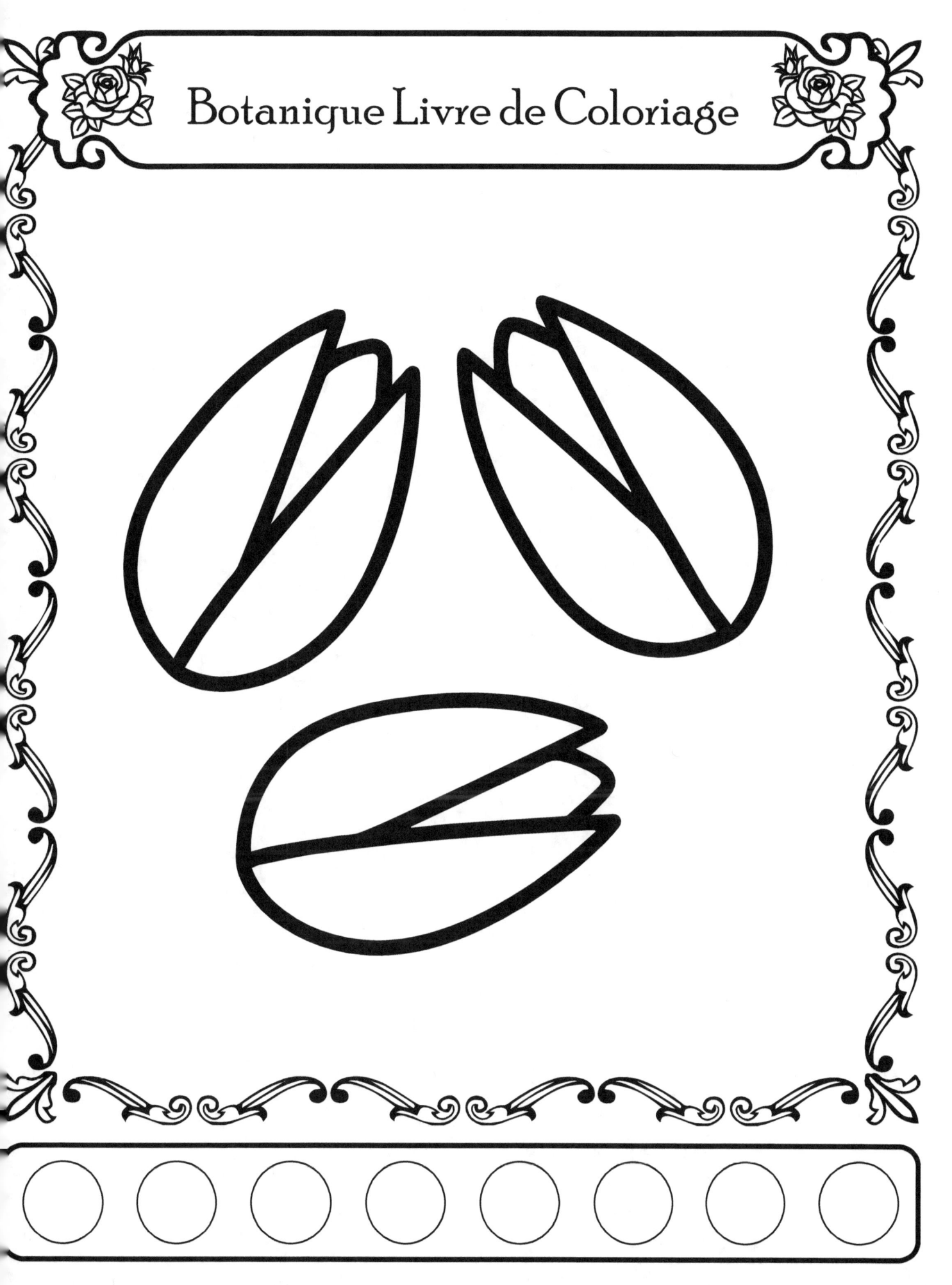

Botanique Livre de Coloriage

Botanique Livre de Coloriage

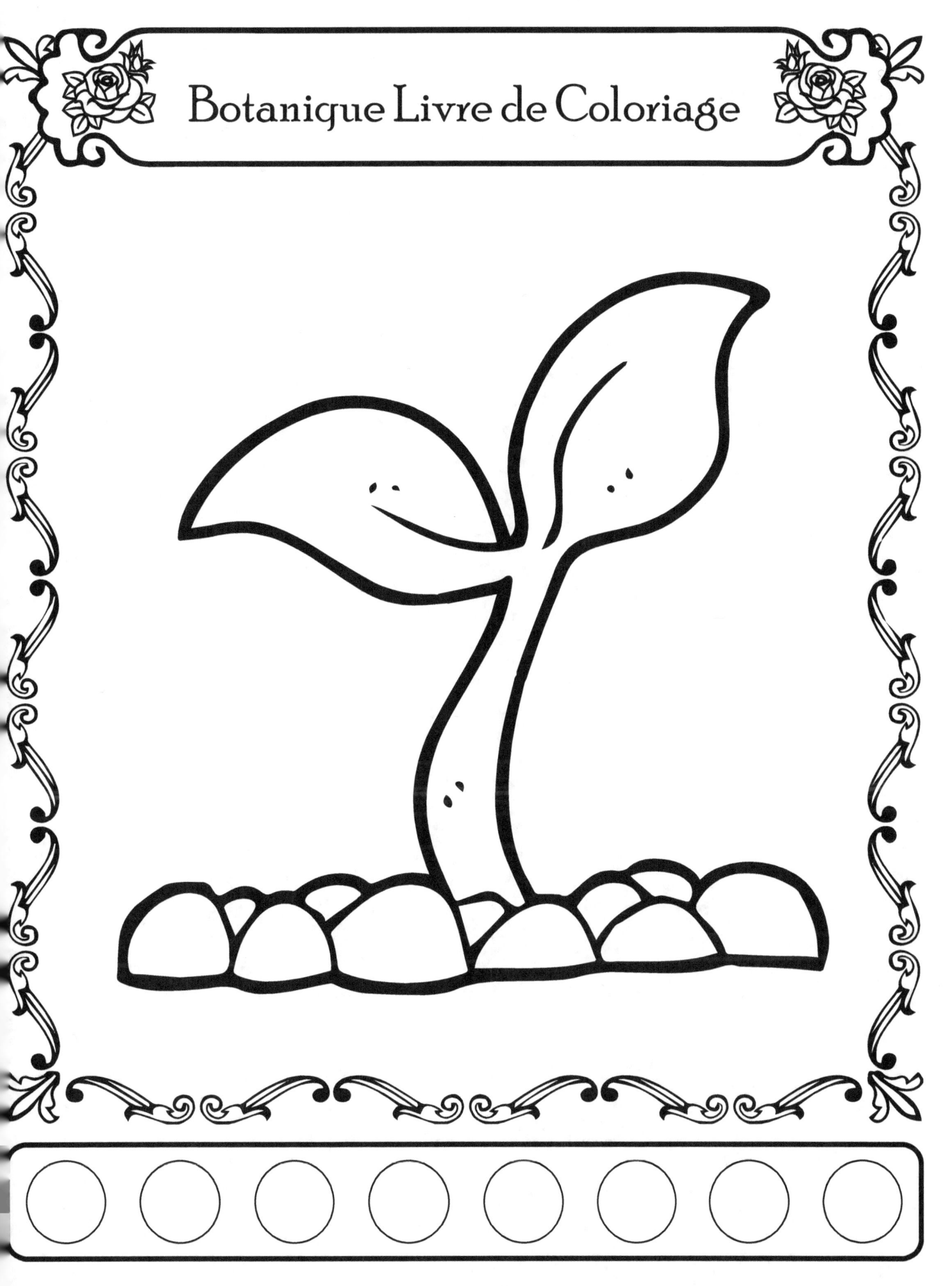

Botanique Livre de Coloriage

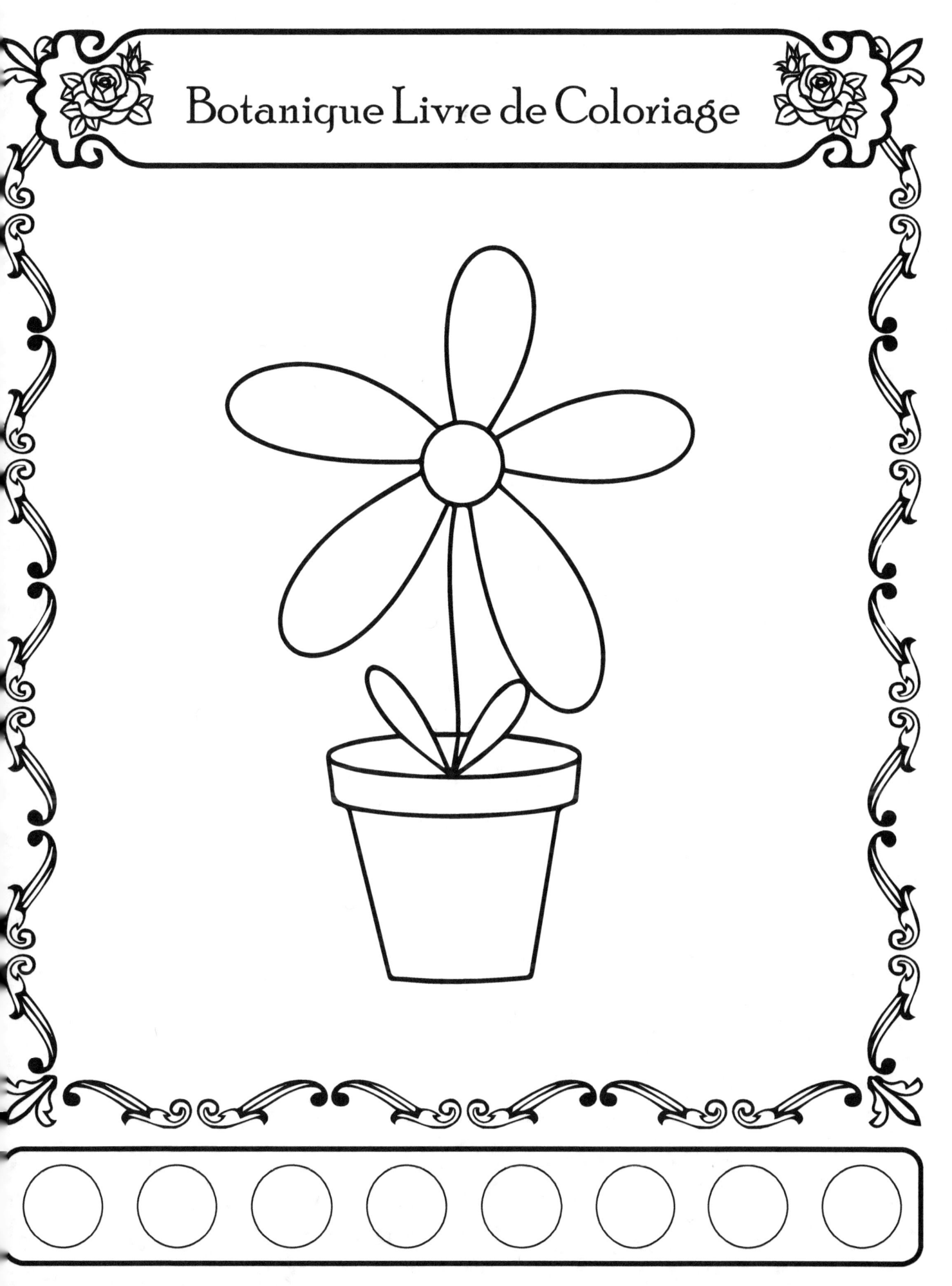

Botanique Livre de Coloriage

Botanique Livre de Coloriage

Botanique Livre de Coloriage

Botanique Livre de Coloriage

Botanique Livre de Coloriage

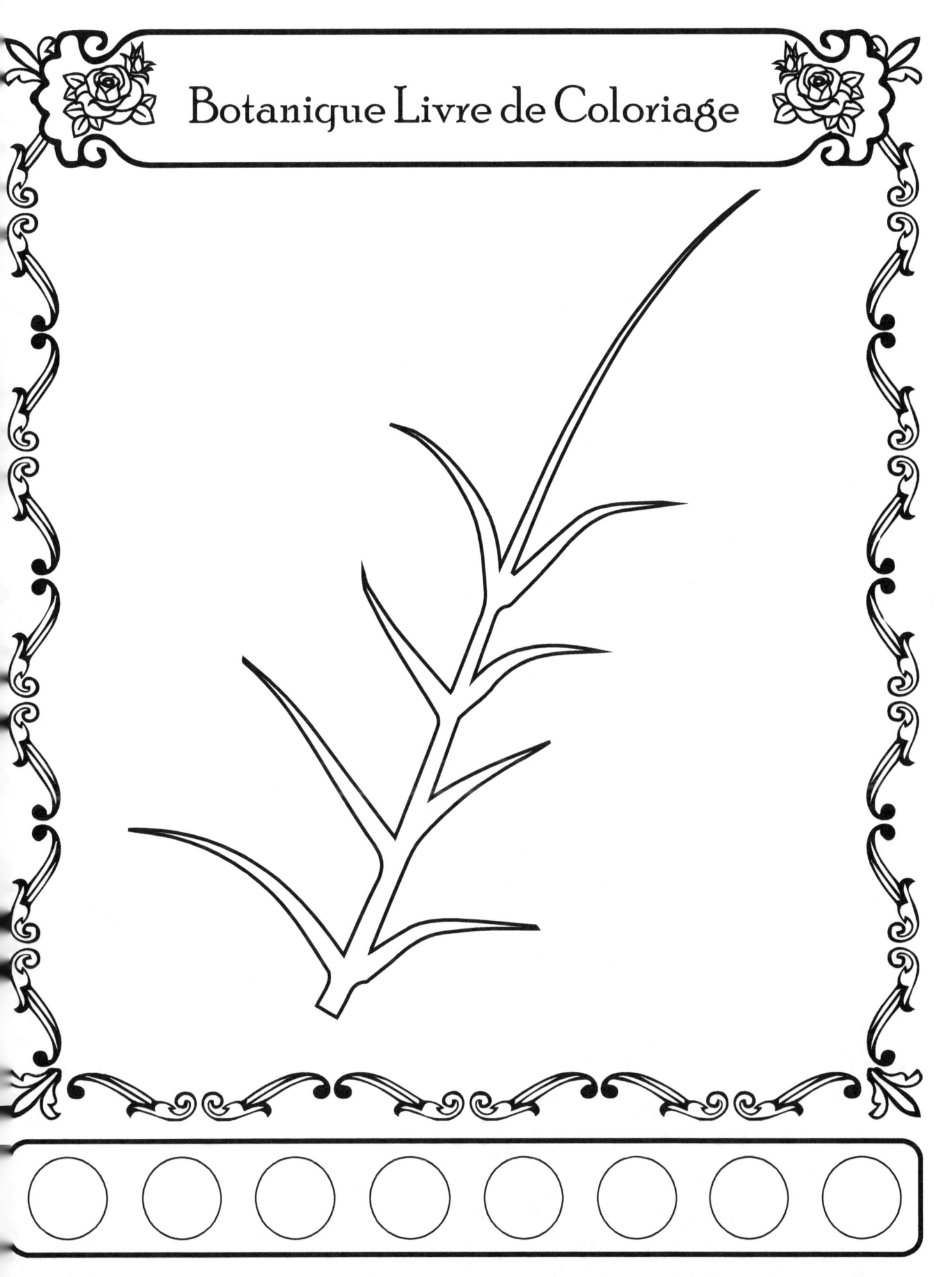

Botanique Livre de Coloriage

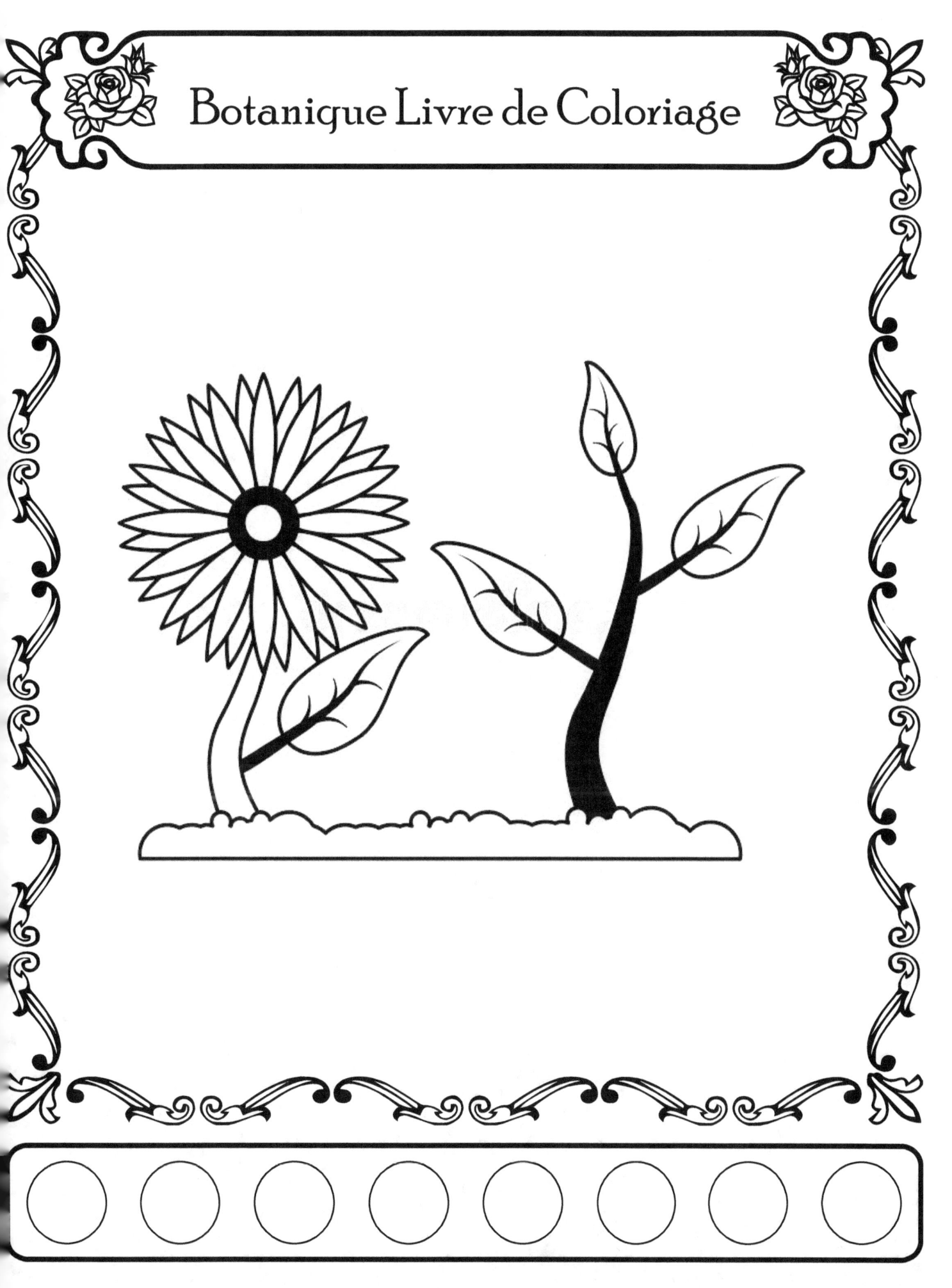

Botanique Livre de Coloriage

Botanique Livre de Coloriage